A MORTE QUE ESTRANGULOU O CORAÇÃO DA AFRICA:

O Assassinato Desumanizante de Patrice Lumumba do Congo e o Descarrilamento da Aantiga Colônia Belga

Janvier T. Chando

TISI BOOKS

NOVA IORQUE, RALEIGH, LONDRES, AMESTERDÃO

PUBLICADO POR TISI BOOKS

A MORTE QUE ESTRANGULOU O CORAÇÃO DA AFRICA:

O Assassinato Desumanizante de Patrice Lumumba do Congo

e o Descarrilamento da Aantiga Colônia Belga

© 2019 por Janvier Chando

ISBN-13: 978-1-6990-8606-3

ISBN-10: 1-6990-8606-0

PUBLICADO POR TISI BOOKS
www.tisibooks.com

NOVA IORQUE, RALEIGH, LONDRES, AMESTERDÃO

Impresso nos Estados Unidos da América

Títulos de Não-Ficção por Janvier T. Chando
APESAR DELES: A Presidência de Dois Mandatos de Donald Trump
HERÓIS CAÍDOS: Líderes Africanos Cujos Assassinatos...
O EFEITO DE CANÁRIO EM UM MINA CARVÃO:...
CAMARÕES: Sistema de Marionetas Disfuncional da França...
UCRÂNIA: O Cabo de Guerra entre a Rússia e o Ocidente
CAMARÕES: O Coração Assombrado da África

Títulos de Ficção por Janvier Chando
O Usurpador: E Outras Histórias
Agente Triplo, Cruz Dupla
Discípulos da Fortuna
União Muzhik
Flash do Sol
Chamadas da Fortuna
Mestre da Fortuna
Filhos da Fortuna
A Lenda do Fogo e do Gelo
A Loucura Mais Doce
A Menina na Trilha
Eu Antes Deles
As Avós
O Fogo da Fome
As Sombras do Fogo
Pai e Filhos
O Médico
Tons Escuros
Fatal Gravatas
O Veredicto de Hades
O julgamento de Sua Majestade
Loucura de Ngoko
A Usurpadora
O Dote
Eu Sou Odiado
A Criança Irriquieta

Próximos Títulos de Janvier Chando
O Falcão Branco
A Deriva em Casa
Os Amigos Mortais
Os Ursos de Norilsk

Reconhecimento

Palavras especiais de agradecimento a Tia Anna Mapajane Chitja por me apresentar o legado de Lumumba.

Dedicação

Este livro é dedicado a todos os líderes icônicos e lendários cujos propósitos eram servir à humanidade e promover o bem-estar do gênero humano, especialmente aqueles que foram interrompidos em suas missões históricas pelas forças malignas deste mundo.

A MORTE QUE ESTRANGULOU O CORAÇÃO DA AFRICA:

O Assassinato Desumanizante de Patrice Lumumba do Congo e o Descarrilamento da Aantiga Colônia Belga

CONTEÚDO

Citações de Patrice Lumumba

"Os colonialistas não ligam para a África por ela mesma. Eles são atraídos pelas riquezas Áfricanas e suas ações são guiadas pelo desejo de preservar seus interesses na África contra os desejos do povo Áfricano. Para os colonialistas, todos os meios são bons se os ajudarem a possuir essas riquezas."

"Chegará o dia em que a história falará. Mas não será a história que será ensinada em Bruxelas, Paris, Washington ou nas Nações Unidas. A África escreverá sua própria história e, no norte e no sul, será uma história de glória e dignidade."

"A independência política não tem sentido se não for acompanhada por um rápido desenvolvimento econômico e social."

"Sem dignidade, não há liberdade, sem justiça, não há dignidade e sem independência, não há homens livres."

"Um mínimo de conforto é necessário para a prática da virtude."

"A única coisa que desejávamos para o nosso país é o direito a uma vida digna, à dignidade sem pretensões, à independência sem restrições. Esse nunca foi o desejo dos colonialistas Belgas e de seus aliados ocidentais..."

"Essas divisões, que as potências coloniais sempre exploraram melhor para nos dominar, desempenharam um papel importante, e ainda desempenham esse papel, no suicídio da África."

"Sabemos que a África não é francesa, nem britânica, nem americana, nem russa, que é Áfricana. Conhecemos os objetos do Ocidente. Ontem eles nos dividiram no nível de uma tribo, clã e vila ... Eles querem criar blocos antagônicos, satélites ... "

"Ninguém é perfeito neste mundo imperfeito."

"A unidade e a solidariedade Áfricanas não são mais sonhos. Eles devem ser expressos em decisões."

MAPAS

Congo no Mapa do Mundo

Mapa Administrativo do Congo (1960)

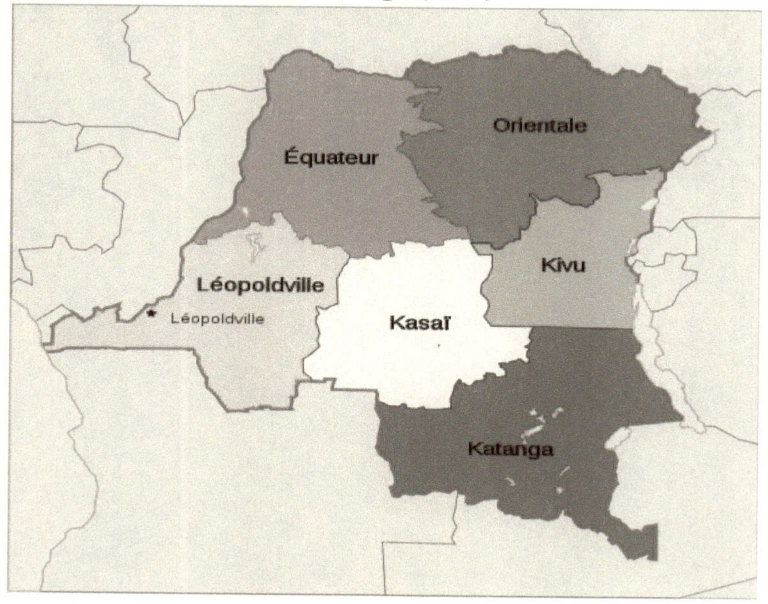

Mapa Político da África

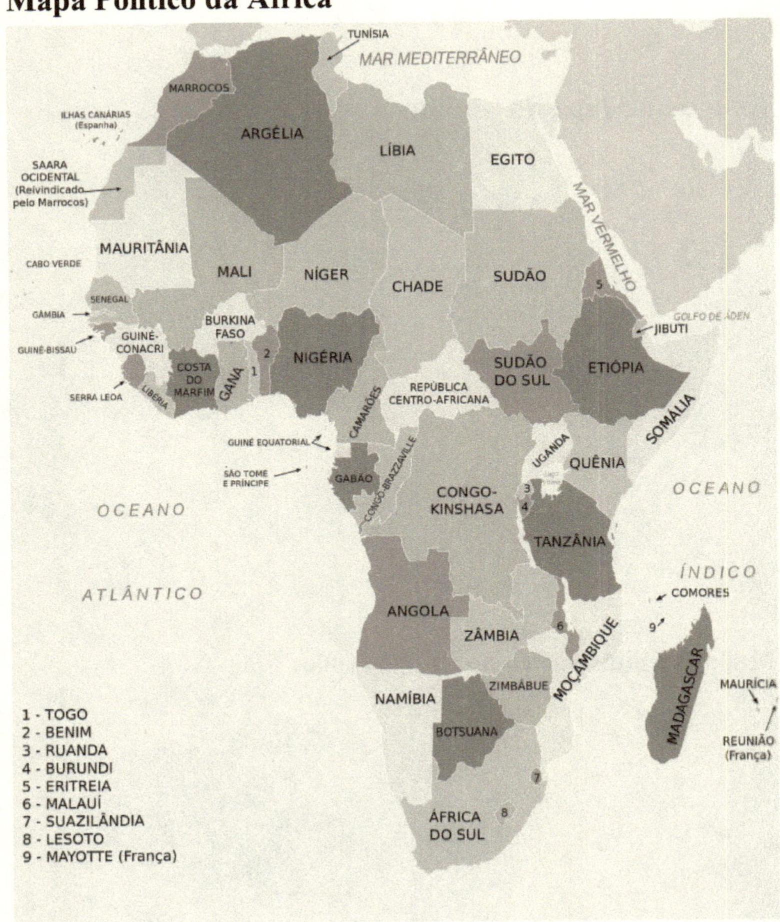

Mapa da Partição da África: 1884-1914

Atual Mapa da África com as Antigas Fronteiras Coloniais

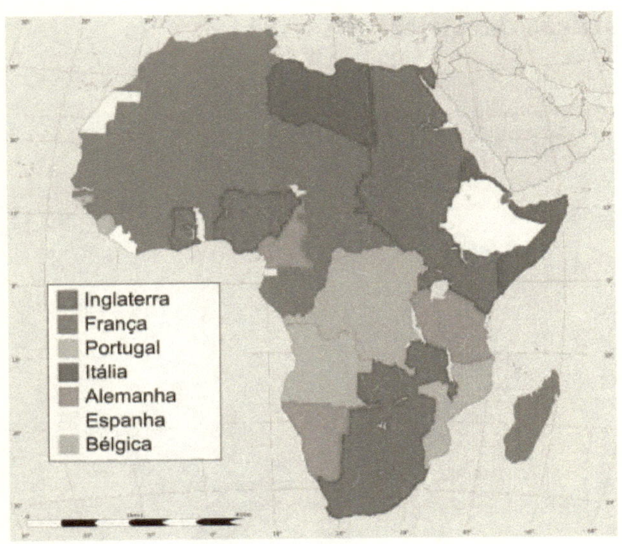

Mapa Administrativo da República Democrática do Congo (2019)

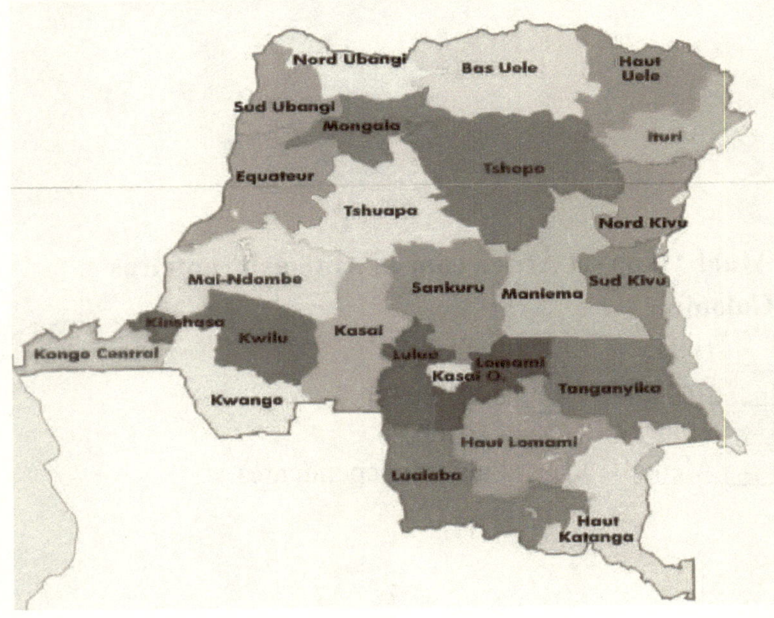

O Mapa de Recursos Naturais da Região da África Central

INTRODUÇÃO

Na minha busca pela resposta sobre por que certos pontos de inflamação geopolíticos existem no mundo, na tentativa de saber o motivo (s) por que alguns países e o mundo em geral experimentaram mudanças repentinas e dramáticas que levaram à guerra, instabilidade ou reorientação de seus políticas domésticas e políticas externas que não apenas afetaram esses países, mas também influenciaram certas regiões ou o mundo inteiro, explorei assassinatos políticos nas últimas dezenas de décadas que mudaram nosso mundo. Por nosso mundo, quero dizer nossas comunidades, países, regiões e a humanidade como um todo.

Ao tratar os diferentes assassinatos ocorridos ao longo dos anos, usei uma abordagem caracterizada pela sociologia política, onde analisei sucintamente os fatores históricos e sociais que não apenas levaram aos assassinatos, mas que também surgiram com a morte dessas figuras históricas. E a partir desses fatores, somos apresentados a uma ideia ou imagens de como a sociedade afetada evoluiu desde o (s) evento (s) traumático (s).

A partir das contrariedades que se seguiram ao

assassinato de figuras históricas, lendárias ou icônicas, podemos aprender algo útil e criar cenários ou o que esperar como calamidades se líderes específicos forem assassinados e, assim, agir de acordo com a prevenção de seus assassinatos.

Capítulo Um

A Síria já é ruim o suficiente, é uma atrocidade terrível. Mas existem muito piores no mundo. Por exemplo, as piores atrocidades da década passada foram no Congo, no leste do Congo, onde talvez 5 milhões de pessoas foram mortas.

Noam Chomsky — 8 de Outubro de 2013

Patrice Lumumba pouco antes de sua Morte

O assassinato de Patrice Lumumba, em 17 de Janeiro de 1961, o primeiro primeiro ministro democraticamente eleito da atual República Democrática do Congo (RDC), é considerado por muitos Áfricanos como "o assassinato mais importante do século 20", porque não apenas destruiu o país, mas também polarizou e paralisou a África, resultando em uma desunião da qual o continente ainda não se recuperou. Esse crime hediondo foi o culminar de duas tramas de assassinatos inter-relacionadas por elementos dos governos americano e Belga que fizeram uso de cúmplices Congoleses e um esquadrão de execução Belga para executar a matança do líder dessa nação nascente no coração da África que conseguiu sua independência da Bélgica em 30 de Junho de 1960.

Historiadores, sociólogos e especialistas geopolíticos concordam que o Congo é o país mais traumatizado da África e do mundo e, de todas as atrocidades que o Congo sofreu em sua história de abuso, o assassinato de Patrice Lumumba foi o ato mais cruel. De fato, é corretamente visto como o pecado original do país.

O assassinato ocorreu menos de sete meses após a independência deste território que ocupa 7,7% da massa terrestre da África. O ato transformou-se em uma pedra de tropeço para as esperanças de implementar os ideais elevados da unidade nacional Congolesa, prosperidade material, democracia, independência econômica, liberdade e solidariedade pan-Áfricana que Lumumba defendia. O que não pode ser negligenciado em particular é o fato de que seu assassinato serviu como um golpe devastador para as esperanças, sonhos e aspirações de milhões de Congoleses, e desiludiu um número ainda Maior de Áfricanos em todo o continente.

O fato de uma das Maiores universidades da União Soviética, a Universidade da Amizade dos Povos da Rússia, fundada em 5 de Fevereiro de 1960, ter sido renomeada "Universidade Patrice Lumumba" em 22 de Fevereiro de 1961, e o fato de que essa instituição de ensino superior continuou educando perto de cem mil estrangeiros, a Maioria Áfricanos, destaca o significado histórico da morte do jovem Áfricano na África e no resto do mundo durante a Guerra Fria.

Como se vê, a importância histórica do assassinato está

em uma infinidade de fatores, dos quais os mais relevantes na época se baseavam em:

- o contexto global em que ocorreu (o Presidente Eisenhower autorizou o assassinato e a CIA executou seu seqüestro e transferência; as Nações Unidas, seu Secretário-Geral Dag Hammarskjöld, a União Soviética e o M16 britânico estavam envolvidos na tragédia; e os Belgas dirigiram seu assassinato e os de seus dois companheiros antes de depois se livrarem dos corpos, desenterrando-os e dissolvendo-os em ácido sulfúrico e depois moendo e espalhando os ossos)
- seu impacto na política Congolesa desde então,
- e o legado geral de Lumumba como líder cívico-nacionalista e ícone pan-Áfricanista. Afinal, ele estava trabalhando com Félix Moumié, o líder do movimento de libertação camaronês que o Serviço Secreto Francês (SDECE) envenenou em Genebra, Suíça, em 3 de Novembro de 1960.

Capítulo Dois

Uma questão que tem prevalecido na esfera geopolítica é essa:

Por que EUA, Grã-Bretanha, França e Bélgica se envolveram no assassinato do primeiro líder democraticamente eleito do Congo?

Tudo começou em Abril de 1884, sete meses antes do Congresso de Berlim, quando os Estados Unidos da América se tornaram o primeiro país do mundo a reconhecer as reivindicações do Rei Belga Leopoldo II aos territórios da Bacia do Congo. Esses territórios ficaram conhecidos como Estado Livre do Congo. O Rei Leopoldo II a governou como sua propriedade privada, fazendo uso de um pequeno quadro de administradores brancos, vindos de toda a Europa.

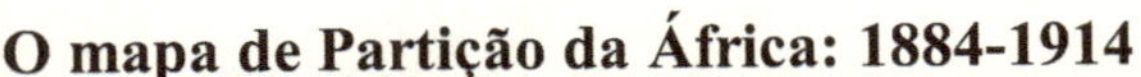

O mapa de Partição da África: 1884-1914

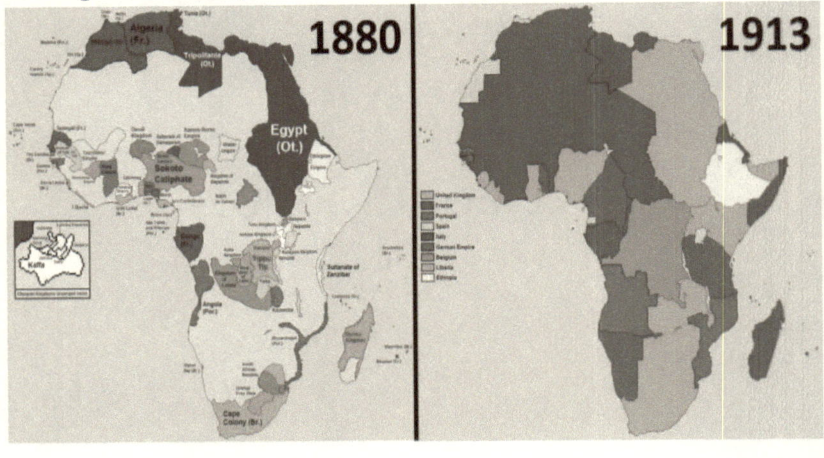

O Estado Livre do Congo fez do Rei Leopoldo II um dos monarcas mais ricos do mundo, uma conquista enorme, já que ele era o Rei da Bélgica, que era um país tão pequeno no bairro de poderosas entidades geopolíticas como os Britânicos, alemães , russo e Austro-Húngaro Impérios. Mas a riqueza do Rei Belga foi acumulada a um custo enorme para a população Áfricana nativa, pois o povo foi forçado a fornecer trabalho não remunerado que não era diferente da escravidão, na exploração dos recursos minerais, florestais e agrícolas da terra para o monarca Belga. No entanto, quando as atrocidades relacionadas à brutal exploração econômica no Estado Livre do Congo de King Leopold resultaram em milhões de mortes, os Estados Unidos da América juntaram-se a outras potências mundiais e forçaram o Estado Belga a assumir o Estado Livre do Congo como uma colônia regular e parar os assassinatos e mutilações da população Congolesa nativa — um genocídio em si.

Foi somente depois que o Congo se transformou em uma colônia regular que os Estados Unidos da América adquiriram uma participação estratégica na enorme riqueza natural do território. De fato, os EUA usaram o urânio das minas Congolesas para fabricar as primeiras armas atômicas usadas nas cidades japonesas de Hiroshima e Nagasaki, levando a um fim abrupto da Segunda Guerra Mundial no Pacífico.

A importância estratégica do Congo, rico em recursos em particular, e da África rica em recursos em geral, especialmente em ajudar os Aliados a vencer a Segunda Guerra Mundial, tornou-se uma maldição depois, quando o continente buscou a independência de seus senhores coloniais. Foi nessa época que a Guerra Fria dominava a geopolítica. Os Estados Unidos e seus aliados ocidentais resolveram conceder independência às colônias, mas não o tipo de independência que o resto do mundo conhecia. As potências ocidentais não estavam preparadas para permitir que o povo das colônias Áfricanas tivesse controle efetivo sobre as matérias-primas estratégicas em seus territórios, por medo de que esses ativos caíssem nas mãos dos países do campo Soviético ou comunista. Foi por isso que os interesses ocidentais perceberam uma ameaça na determinação de Patrice Lumumba de alcançar uma independência genuína para o Congo e obter total controle sobre os recursos do país para uso no desenvolvimento da nação nascente na melhoria das condições de vida do povo Congolês.

Os Recursos Naturais da Região da África Central

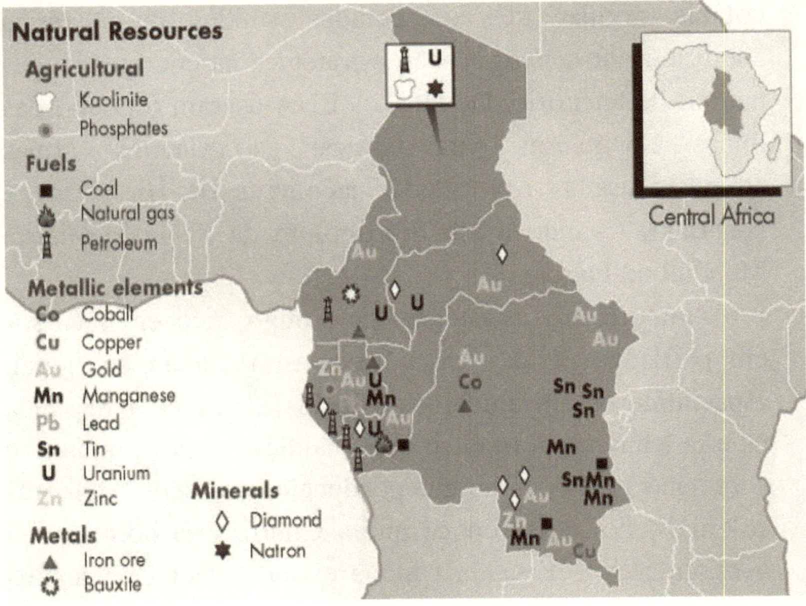

Para impedir Patrice Lumumba, os Estados Unidos da América e a Bélgica não deixaram pedra sobre pedra, incluindo o uso do Secretariado das Nações Unidas sob Dag Hammarskjöld e Ralph Bunche, a compra do apoio dos rivais Congoleses de Lumumba, o silenciamento de alguns líderes Áfricanos que apoiavam Lumumba e o objetivo pan-Áfricanista que ele compartilhava, e a compra dos serviços de assassinos contratados (mercenários) para eliminar o obstáculo ao seu controle suave do Congo, um país que eles pretendiam ser nada além de um estado quase independente que é subserviente aos líderes ocidentais, aos países ocidentais e aos interesses ocidentais.

Capítulo Três

Logo após conceder a independência ao Congo em 30 de Junho de 1960, a Bélgica e seus aliados ocidentais minaram a estabilidade da nação nascente, por incentivando uma oposição virulenta ao governo de Lumumba, usando políticos Congoleses apoiados pelo Ocidente. De fato, em Dezembro de 1960, o Congo estava efetivamente sob quatro governos separados, três dos quais estavam sob os polegares das facções anti-Lumumba apoiadas pelas potências ocidentais. Estes foram:

- o governo central no capital Congolesa de Léopoldville (Kinshasa)

- um governo central rival estabelecido pelos seguidores de Lumumba em Stanleyville (Kisangani)
- um regime secessionista na província de Katanga, rica em minerais, sob a liderança de Moise Tshombe
- E outra administração secessionista na província de Kasai do Sul, sob a liderança de Albert Kalonji.

Com Lumumba liquidada meio ano após a concessão da independência ao Congo, com a remoção do que os atores geopolíticos ocidentais consideravam a principal ameaça aos seus interesses no novo país, Bélgica, Grã-Bretanha, França e Estados Unidos da América lideraram esforços internacionais espalhar a autoridade do regime moderado e pró-ocidental em Kinshasa por todo o Congo. Era uma estratégia dupla que envolvia o uso do novo exército Congolês criado pelo Ocidente, sob o comando do regime apoiado pelo Ocidente de Mobutu Sese Seko, e o uso de forças de paz das Nações Unidas.

A estratégia foi tão eficaz que a fortaleza Lumumbista no leste do país, centralizada em torno de Kisangani, caiu em Agosto de 1961. A região de South Kasai capitulou em Setembro de 1962, e a secessão da região de Katanga foi revertida em Janeiro de 1963.

A Crise do Congo de 1960-1961

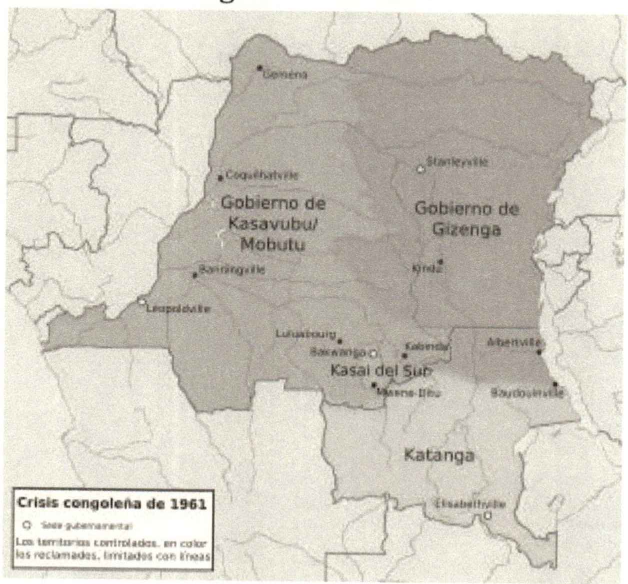

Depois de destruir o recém-independente Congo, a fim de minar Lumumba, depois de assassinar Lumumba e instalar um governo fantoche, e depois direcioná-lo para unir e estabilizar o país novamente, as potências ocidentais ficaram surpresas quando um movimento social radical surgiu, pedindo um "segundo independência ", desafiando o estado neocolonial e sua liderança pró-ocidental. Foi um movimento de massas de trabalhadores, funcionários públicos inferiores, desempregados urbanos, camponeses e estudantes. Eles foram liderados pelos tenentes de Lumumba, a Maioria dos quais se reagrupou na antiga capital Congolesa francesa de Brazzaville, do outro lado do rio Congo, a partir da antiga capital Belga Congolesa de Kinshasa.

A Rebelião Simba de 1964

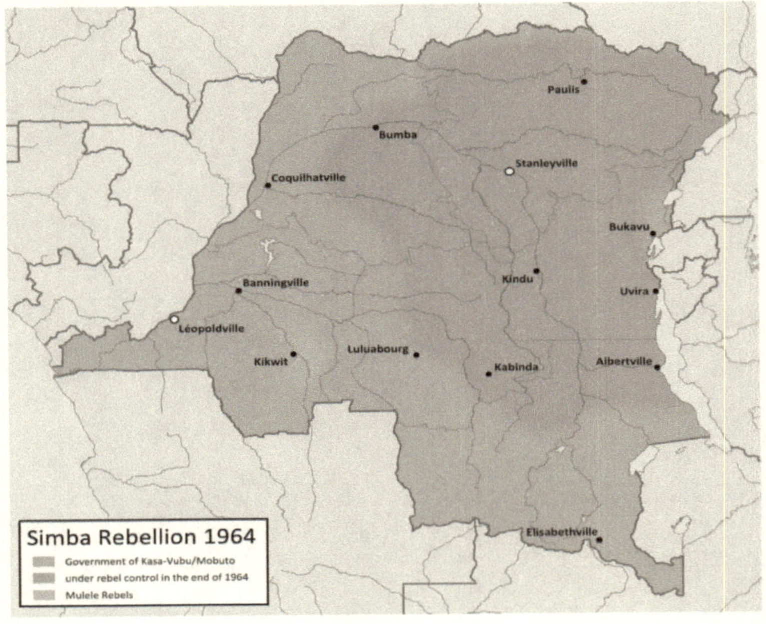

Em Outubro de 1963, esses Lumumbistas estabeleceram um Conselho de Libertação Nacional (CNL) com a missão de derrubar o regime de Mobutu e criar um Novo Congo. Eles foram levados a sério ao ponto em que a União Soviética lhes deu assistência militar. Alguns dos poucos governos pan-Áfricanistas sobreviventes no continente também deram apoio. Até Ernesto Che Guevara, o ícone revolucionário Argentino e o segundo em comando de Fidel Castro, estabeleceu uma base no Congo para ajudar esses lumbumbistas e anti-neocolonialistas. De fato, quando Che Guevara escreveu em 1964 que:

"Temos que avançar, atacando incansavelmente o imperialismo. De todo o mundo, temos que aprender

*lições que os eventos proporcionam. O assassinato
de Lumumba deve ser uma lição para todos nós...",*

ele começou a imortalização de Patrice Lumumba depois
de falhar em sua expedição ao Congo para galvanizar os
Lumumbistas contra o regime de marionetes ocidentais de
Mobutu Sese Seko, que não apenas empobreceu o Congo
durante seu governo de três décadas e meia, mas também se
tornou mais rico do que o país que ele errou.

Capítulo Quatro

Em todos os continentes do mundo de hoje, abundam ruas, parques, praças, aeroportos, estátuas e outras infraestruturas que levam o nome Lumumba em homenagem a um altruísta, um homem que adotou uma forma mais avançada de nacionalismo cívico chamada nacionalismo união, que se opuseram à divisão de seu país em linhas étnicas ou regionais e que apoiaram o pan-Áfricanismo e a libertação de todos os territórios coloniais não apenas na África, mas também no resto do mundo.

O legado de Patrice Lumumba continua a servir de inspiração na política Congolesa hoje, enquanto dezenas de partidos políticos proclamam suas crença em sua idéias de "Neutralismo Positivo", que defende um retorno aos valores Áfricanos e que rejeita qualquer ideologia importada, incluindo a ideologia do União Soviética:

"Não somos comunistas ou católicos. Somos

nacionalistas Áfricanos," disse Patrice Lumumba uma vez.

Os pan-Áfricanistas (aqueles que sonham com uma futura União Econômica Áfricana com um sistema político e estrutura militar integrados) valorizam o legado Lumumba e o colocam ao lado de Kwame Nkrumah, de Gana, Sekou Touré da Guiné, Julius Nyerere da Tanzânia e os líderes da histórica O partido da UPC dos Camarões — quem eram liquidado durante sua luta contra o colonialismo e o neocolonialismo Francês que levaram à unificação e independência do país — como os ícones da era da luta pela independência da África que plantou as sementes da União Áfricana, que ainda é para ser realizado.

Em 31 de Maio de 1997, um Lumumbista chegou ao poder depois de liderar uma rebelião em larga escala contra o domínio dos Mobutu, sob a bandeira da Aliança das Forças Democráticas pela Libertação do Congo-Zaire (ADFL), e com o apoio de Ruanda, Uganda e Burundi, marcando assim o fim da primeira Guerra do Congo em uma façanha que levou o ADGL apenas meio ano para trazer o país sob seu controle, um território que é um pouco mais da metade do tamanho da União Europeia. Laurent-Désiré Kabila, como foi chamado o inimigo de Mobuto e o novo presidente, fez uma declaração poderosa quando mudou o nome do país de Zaire para a República Democrática do Congo, que é como a nação da África Central era conhecida entre 1964-1971.

Laurent-Désiré Kabila não veio do nada. De fato, em 1965, ele havia emergido como o mais distinto dos tenentes de Patrice Lumumba, depois da crise do Congo no início dos anos 1960 e da rebelião contra Mobutu Sese Sekou que a seguiu. Ele chegou a ser reconhecido por Che Guevera durante sua expedição no Congo, embora o revolucionário Argentino tenha achado que seu colega Congolês estava muito distraído na época, concluindo que ele "não era o homem da hora".

Embora os ex-aliados de Laurent Kabila (Ruanda, Uganda e Burundi) se voltassem contra ele um ano depois e apoiasse uma nova rebelião contra seu governo sob a bandeira do Rally pela Democracia Congolesa (RCD), desencadeando assim o Segundo Congo Guerra que o viu perder o controle do leste do Congo, o legado de Lumumba prevaleceu enquanto ele se mantinha controle do sul e oeste do país com assistência de Angola, Namíbia e Zimbábue. Laurent Kabila seria baleado e morto por sua guarda em 1º de Janeiro de 2001, um ano e meio após a retirada de todas as tropas estrangeiras do país. O legado Lumumba nunca foi abandonado, pois seu filho Joseph Kabila o sucedeu e governou até 25 de Janeiro de 2019, quando Félix Tshisekedi se tornou o novo presidente após sua vitória eleitoral no ano anterior. A equipe de Kabila e a equipe do novo presidente estabeleceram uma aliança de trabalho no início de 2019, cujo resultado é um acordo de compartilhamento de gabinete entre a FCC alinhada à Kabila e a aliança CACH de Tshisekedi, que garantiu uma continuação no poder das forças que reconhecem o papel positivo de Patrice Lumumba na história Congolesa, mesmo que não cumpram os padrões que ele sustentou.

A trágica perda de Patrice Lumumba foi melhor

expressa por Noam Chomsky durante uma entrevista de 11 de Setembro de 2013 com a renomada jornalista de radiodifusão, colunista sindicalizada, repórter investigativa e autora Amy Goodman cujas tarefas de investigação a levaram a lugares como Nigéria e Timor Leste. Ele disse que:

"O assassinato de Lumumba, no qual os EUA estavam envolvidos, no Congo destruiu a grande esperança de desenvolvimento da África. O Congo é agora uma história de horror total, há anos ",

Agora, o professor Noam Chomsky, quem é considerado por muitos como o Maior intelectual vivo, também é respeitado como um grande historiador, linguista, filósofo, ativista político, cientista cognitivo e crítico social americano, cujo domínio da filosofia analítica é invejável. Então, quando ele continua voltando ao Congo para destacar a situação do país como vítima da escravidão, colonialismo, neocolonialismo, guerra fria, imperialismo e também do globalismo, entendemos por que alguns especialistas veem a entidade geopolítica como o coração estrangulado da África cujos recursos parecem ser uma maldição que uma bênção. Quando ele apontou para o público que:

"O principal mineral do seu telefone celular, o coltan [um minério preto metálico], vem do leste do Congo. As empresas multinacionais estão lá explorando os recursos minerais muito ricos da

região. Muitos deles estão apoiando milícias que estão lutando entre si para ganhar o controle dos recursos ou de uma parte dos recursos. "

Ele ressaltou a razão pela qual este país que ocupa a Maior parte do espaço da África meio ou central é o arena das forças estrangeiras que vêem na África e seus ricos recursos, como nada além de espólio que pode ser saqueado com pouco ou nenhum custo, por eliminando aqueles que apóiam a defesa dos interesses da terra e do povo e, e depois substituí-los por marionetes que trabalhariam por interesses estrangeiros e seus próprios interesses, contra o interesse de seus países e pessoas.

Há apenas três décadas, o Zaire (Congo-Kinshasa) e os Camarões tinham a reputação de serem os únicos dois países da África onde aqueles que sacrificaram pela libertação ou independência desses países nunca governaram. Portanto, o fato de os Congoleses do antigo Congo Belga terem conseguido superar seus líderes que foram criados por potências estrangeiras para servir aos interesses dessas potências alienígenas contra o bem-estar do povo Congolês, líderes com má disposição, nos diz que o país percorreu um longo caminho na difícil jornada de reverter os estragos da escravidão, colonialismo, neocolonialismo e imperialismo, deixando Camarões como o único país da África com uma libertação inacabada que corre o risco de destruir o país assombrado, a menos que os nacionalistas cívicos dos Camarões atuem oportuna no desmantelamento do sistema imposto pela França que o regime de Biya administra, no que geralmente é a degeneração dessa entidade geopolítica conhecida como microcosmo da África.

Índice de Democracia: África e o Mundo

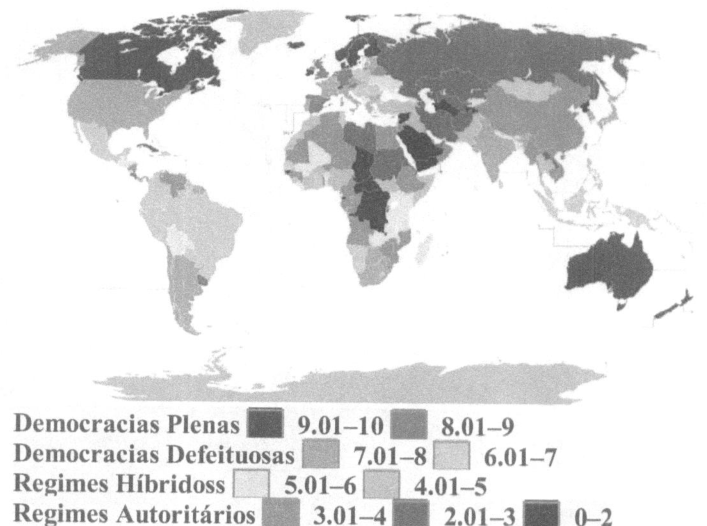

Mapa Político da África

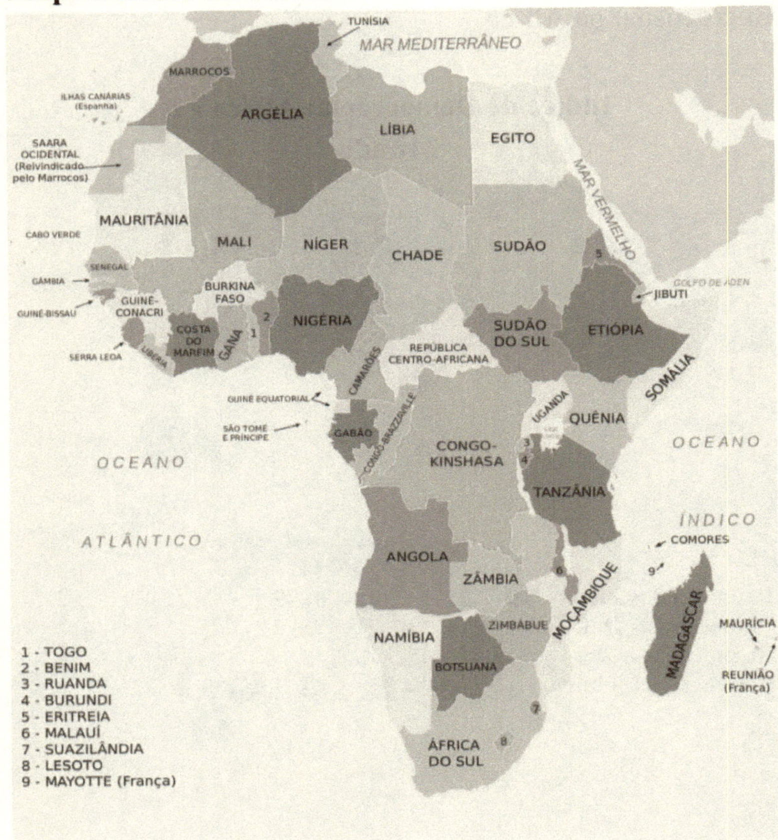

1 - TOGO
2 - BENIM
3 - RUANDA
4 - BURUNDI
5 - ERITREIA
6 - MALAUÍ
7 - SUAZILÂNDIA
8 - LESOTO
9 - MAYOTTE (França)

www.ingramcontent.com/pod-product-compliance
Lightning Source LLC
Chambersburg PA
CBHW051423250726
48655CB00003B/1203